AF185086

Für das Christkind

Friederike Kniese

Weihnachtszeit – Es ist wieder so weit!
Ein Gedichtband als Adventsgeleit

© 2017 Friederike Kniese
Umschlag, Illustration: Sabine Sandkämper

Verlag: tredition GmbH, Hamburg

ISBN
Paperback   978-3-7439-0573-3
e-Book   978-3-7439-0574-0

Printed in Germany

Inhalt

Der Adventskalender

Bei manchen hängen
24 aufgereihte Säckchen,
die meisten öffnen Türchen,
es gibt sie aber auch als Bücher
oder aufeinandergestapelte Päckchen.

Die Ausführungen sind entweder
von der Stange oder in Handarbeit,
mal bescheiden, mal feudal
und die aus'm Supermarkt
immer mit Mindesthaltbarkeit.

Der Markt scheint
wahrlich unerschöpflich,
sie gehören überall zum Sortiment
und die Zeiten sind vorbei,
in denen einer dem anderen glich.

Früher waren sie
mal für Kinder erdacht,
als kleine Vorfreude erzeugende Geste,
längst wurde daraus mit wirtschaftlicher Macht
ein loderndes Konsumfeuer entfacht.

Inzwischen wollen auch
die Erwachsenen sich an ihnen erfreuen,
welch Segen für die Ökonomie,
die Menschen scheinen diesbezüglich
keine Kosten und Mühen zu scheuen.

Einige betrachten den Weihnachtskonsum
bereits kritisch reflektiert,
lehnen Verschwendung eigentlich ab,
finden den völligen Verzicht
aber dann doch kleinkariert und borniert.

All diesen sei an dieser Stelle geraten:
„Habt kein schlechtes Gewissen!
Ein Buch zu bekommen
oder zu verschenken,
zählt immer zu den guten Taten."

Was wäre Weihnachten ohne Strom?

In unserem Viertel
da gibt es so eine Ecke,
die erstrahlt am Jahresende
immer unter einer riesigen Lichterglanzdecke.

Man versteht sich dort
wie kein Anderer aufs Weihnachtsschmücken,
insbesondere mit aufsehenerregenden
elektrischen Dekorationsstücken.

Es hängen dort
an die tausend Meter Lichterketten,
solch einen Glanz gibt es
nicht mal in den großen Einkaufsstädten.

Sie umranken Fenster, Türen,
Sträucher, Bäume und Garage,
eine Lücke im allumfassenden Lampennetz
wäre sicher eine Blamage.

Bunt strahlende
und bei Farbwechsel blinkende Flocken
zieren die Fenster gemeinsam
mit großen rotierenden Glitzerglocken.

Vom Schornstein hängt
eine LED-ummantelte Leiter,
an der Regenrinne hängt ein
vom Weihnachtsmann entsandter Mitarbeiter.

Der große Haken
am Haustür-Verdeck
zeigt nun endlich
seinen wahren Zweck:

Von dort spannt
sich eine Leine zum Schuppen,
an ihr entlang rutschen
vor einen Schlitten gespannte Rentierpuppen.

Alle Kinder
sind aufs Äußerste entzückt,
wo wird Weihnachten
schon in ein solches Licht gerückt.

Nach sechs Wochen
ist der ganze Spuk dann zu Ende
und es heißt wieder: Strom sparen
bis zur nächsten Jahreswende.

Die Weihnachtssünde

Nicht ohne Grund
liegt er so kurz vorm Advent:
der Bus- und Bettag,
falls ihn überhaupt noch einer kennt.
Dieser Tag dient
dem Antrag auf präventive Absolution,
schließlich ist der als Fastenzeit überlieferte
Advent eine einzige gottlose Provokation!
Von den sieben menschlichen Hauptlastern
erfüllt er gleich vier:
Faulheit, Völlerei, Neid und Habgier!

Der Weihnachtsmarkt glossiert

In der Vorweihnachtszeit
ist er schon seit Jahrhunderten etabliert,
teilweise gibt es ihn nach altem Brauch,
manchmal auch schrill modernisiert.
Alles wird liebevoll und
großzügig beleuchtet sowie dekoriert,
der Auf- und der Abbau verläuft im Stillen,
ganz unauffällig und routiniert.
Die meisten Stellplätze wurden
von Imbiss- und Ausschankständen reserviert.
Man hofft, dass es kalt wird
und die Kundschaft schön friert.
Es gibt schon Pläne,
wie man die Plätze in Zukunft klimatisiert,
denn so wären die Einnahmen
des Glühweinverkaufs wohl optimiert.
Doch schon jetzt zeigt man sich
aufgrund dieser Gepflogenheit oft unzivilisiert
und ungeniert!
Die Kunsthandwerkerszene bleibt
konventionell an Traditionellem orientiert,
von ihr werden in gewohnter Weise
nur handgefertigte Produkte präsentiert.
Manch anderer Warenaussteller erscheint
hier ein wenig unkultiviert

und wirkt zwischen Erzgebirgskunst, Steingut
und der Krippe eher deplatziert.
Die wohltätigen Vereine verkaufen
und sammeln wieder ganz couragiert,
auch die ortsansässigen Kinderchöre und
Flötengruppen zeigen sich sehr ambitioniert.
Vergessen wir nicht die Fahrgeschäfte,
in denen man sich ganz vortrefflich amüsiert.
Und wenn nicht irgendetwas
ganz Außergewöhnliches passiert,
wird er wohl auch in den nächsten Jahren
immer wieder aufs Neue kopiert.

Ein Weihnachtsvergnügen

Es dreht sich
immerfort im Kreise,
wackelt, blinkt und hupt und
tönt auf die immer gleiche Weise.

Vom Dach hinunter
hängen Tannenzweige,
glitzernd eingehüllte Geschenke sowie
ein Weihnachtsengel mit goldener Geige.

Runde für Runde
galoppieren die Pferde brav weiter,
man hört laut die Sirenen,
sie kommen von der Feuerwehr
mit der langen Leiter.

Das kleine Boot schaukelt
in hohen Wellen auf und nieder,
dahinter steigt das Flugzeug empor
und von der Weihnachtsplatte
schallen fröhliche Kinderlieder.

Die Rennfahrer
lassen die Motoren aufheulen,
die Eltern stehen und winken,
sie lehnen mit dampfenden Bechern
an den verspiegelten Säulen.

Wie die Lampen,
so strahlen auch die Gesichter bunt und hell,
in dieser so besonderen Weihnachtszeit
erweckt es in uns allen Freude:
Das Karussell.

Der Nikolaus

Früher verbreitete er
noch Angst und Schrecken,
wollte er doch die unartigen Kinder
in seinen Sack reinstecken.
Es gab kein Entrinnen
und auch kein Verstecken,
seine Rute brachte bestimmt
schmerzhafte blaue Flecken.
Ja, damals war es
in der Erziehung das oberste Gebot:
Kinder lernten angeblich
nur ängstlich und devot.
Heute gibt es anstelle
der einstigen Not,
Verwöhnprogramm und
Maßlosigkeit im Überangebot.
Die dazumalige Angst
vorm Nikolaus ist lange verjährt
und sie hat sich
in ein ganz anderes Verhältnis umgekehrt.
Am Nikolaustag werden Konto
und Geldbörse beträchtlich beschwert.
Doch hat sich
dieses Brauchtum wirklich bewährt?

Der Weihnachtsbasar

Der Erlös geht wie immer an Menschen in Not,
darum gibt es ein tolles und riesiges Angebot.
Selbst gemalt, gebastelt, gestrickt und genäht,
kreative Fabrikate wohin das Auge späht
und neben Altbekanntem
auch der ein oder andere Exot.

Wochenlang wurde bis zur Erschöpfung
entwickelt und produziert,
manch Projekt ist wahrlich kompliziert.
Hat man sich vielleicht übernommen?
Wird das Geleistete
bei den Käufern gut ankommen?
Nun werden die Resultate
dem Publikum präsentiert.

Oh nein, Piepenbrocks Anne
hat doch wohl nicht abgeguckt?
Ihre Nachbarin hat tatsächlich
das gleiche Produkt.
Dieses Muster ist Familientradition
und definitiv Opfer einer Imitation.
Die Kundschaft ist trotzdem beeindruckt.

So wechseln die Erzeugnisse
nach und nach ihre Halter,
sehr zur Freude der großzügigen Gestalter.
Die Besucher kaufen in großen Massen
und schon bald stehen überall gefüllte Kassen.
Ein voller Erfolg für den Veranstalter.

Wie bekannt geht der Erlös
an Menschen in Not,
Menschen ohne Dach, Lohn und Brot.
Vielleicht hilft es ihnen dabei,
das Nötigste zu erlangen,
etwas, worum andere niemals bangen.
Darum ist Hilfe leisten oberstes Gebot.

Die Weihnachtsfirma

Das Christkind wurde einst
von der Erde vertrieben
und trotzdem ist das Fest seiner Geburt
für immer geblieben.

Doch wie schaffte es Jesus nur,
dass wir ihn niemals vergessen?
Seine Idee: Die Menschen sind doch habgierig
und auf Geschenke versessen!

So wurde der gute Mann
ein Unternehmensgründer
und der Firmenname „Weihnachten"
war rasant in aller Münder.

Nur wollte Jesus lieber nicht
wieder selbst auf die Erde hinab,
brachte ihn sein letzter Aufenthalt
doch ziemlich schnell ins Grab.

Ein Mitarbeiter für den Außendienst
wurde schnell gefunden:
der Nikolaus kennt sich im Geschäft gut aus
und ist nach dem 6.12. ungebunden.

Sein roter Mantel war schon immer
beliebt bei den Kunden
und so dreht er nun
als Weihnachtsmann seine Runden.

All seine Angestellten
hat Nikolaus gleich mitgebracht,
denn sie sind ja eh das ganze Jahr über
arbeitslos bis auf die eine Nacht.

So schufften im Himmel Nikolaus, Engel und
Wichtel nun alle auf göttliches Geheiß,
auf der Erde helfen noch die Kirchen
und Kaufhäuser mit dem gleichen Fleiß.

Leider ist der Plan
nicht ganz wie erhofft aufgegangen,
denn eigentlich verfolgte Jesus mit
„Weihnachten" ein ganz anderes Unterfangen:

Die stete Erinnerung
an die von ihm gelehrten Umgangsformen und
Werte, statt dem Verfolgen
einer von ihm völlig losgesagten Fährte.

Prestige und Ruhm streicht aber meistens
nicht der Urheber einer guten Idee ein,
warum sollte das
in göttlichen Angelegenheiten anders sein.

Die Weihnachtslieder

Sie sind des deutschen
traditionellen Liedguts kläglicher Rest:
die schönen geschwollenen Lieder
zum Weihnachtsfest.

Alles längst Vergangene
wird heutzutage wieder aufgefrischt,
nur die Überlieferung der klassischen,
volkstümlichen Gesangsstücke erlischt.

Für die jahrhundertealten Verse
von Gerhardt, Luther und Kollegen,
ist das jährliche Weihnachtstreiben
ein wahrer Segen.

Eigentlich schien das Weihnachtslied-Genre
immer unantastbar und erschöpft,
doch seit einiger Zeit wird es von
modernen Kinderliedermachern
hemmungslos geschröpft.

Mit einfacher Sprache werden vermeintliche
Weihnachtsthemen zusammengezurrt,
ohne jeglichen Hinweis
auf den Zusammenhang zwischen
Weihnachten und Christi Geburt.

Schuld ist das Aussterben einer
facettenreichen und
ausschmückenden deutschen Sprache,
bei unserer medialen Kommunikationskultur
liegt das wahrscheinlich
in der Natur der Sache.

„Vom Himmel hoch da komm ich her"
hat 15 Strophen und
wurde als Kinderlied verfasst,
heute wird sich mit der Textinterpretation
im Abiturkurs Deutsch befasst.

Bei der Übersetzung von „Tochter Zion"
versagen selbst Menschen
mit höchster Bildung.
Langfristig überleben wohl nur
die seichten Evergreens
in der Weihnachtsliedersammlung.

Advent, Advent

Advent, Advent, die Menschheit rennt.
Sie rennt dem Einzelhandel die Bude ein,
und denkt,
das muss an Weihnachten halt so sein.
No name, Milka, Lindt oder Hachez,
Ferrero, Storck oder Nestlé?
Elektroartikel, Buch oder Schmuck?
Zeitschriftenabo, Parfüm oder Kleidungsstück?
Die Heiligen Drei Könige haben es
ja schließlich vorgemacht,
SIE haben den ganzen Irrsinn entfacht!

Weihnachtswünsche

„Was fehlt Dir noch?
Was gefällt Dir?" ... „Oooch?"
„Was füllt ein Loch? ... Nun sag schon! ...
Doch!"

„*Atomausstieg jetzt!*
Die Meiler vom Netz!
Weltweit keinerlei Waffen!
Endlich Grausamkeit und Hass abschaffen!
Hungersnöte und Epidemien besiegen,
Hurricanes und Tsunamis sollen versiegen.
Mitleid, Solidarität und Gerechtigkeit,
Bildung, Freiheit und Chancengleichheit!
Nie mehr Smog und vergiftete Flüsse!
Weniger Beratungsausschüsse
und schnellere Entschlüsse!"

„Oooh, ...
wie wär's mit 'nem Gutschein von Tschibo?"

Europäische Weihnacht

Im EU-Parlament gibt es nun
ein neues Komitee,
es tagt für die Planung
der europäischen Weihnachtsidee.

In allen Mitgliedsstaaten
wird bisher unterschiedlich zelebriert,
aber ab jetzt wird die Festzeit
endlich mal klar definiert.

Doch wie soll man
einen gemeinsamen Nenner errichten?
Niemand möchte auf sein Jahrhunderte
altes Brauchtum verzichten!

Also entscheidet man sich
für das Zusammenlegen der vielen Sitten,
so wird keiner in seinen Traditionen
all zu sehr beschnitten.

Insgesamt wird die Weihnachtszeit
mit noch mehr Festlichkeit angereichert,
und die Wirtschaftsvertreter
sind darüber sehr erleichtert.

So wird nun der Zeitrahmen
in allen Mitgliedsstaaten erweitert
und mit dieser Gepflogenheit
den Schweden nachgeeifert:

Dort endet das Julfest
erst am 13ten Jänner
und dabei fließt reichlich Weihnachtsbier
für alle Frauen und Männer.

Der Anfang bleibt überall der erste Advent,
dann geht es weiter
mit dem Nikolaustag,
den man hier schon kennt.

Am dreizehnten feiern künftig
alle das Fest der heiligen Lucia,
sie bringt jetzt das Licht
von Finnland bis an die Adria.

Zukünftig gibt es am 22sten
die europäische Weihnachtslotterie,
denn in Spanien führt sie schon seit
Jahrzehnten zuverlässig zur Massenhysterie.

Am 24sten kocht man künftig
nach polnischem Ritual,
aus zwölf Gerichten
besteht hier das Festmahl.

Dieser Tag dient auch
der ersten Bescherung,
am 25sten gibt es davon
die Fortsetzung.

Wichtig für die Festtagsstimmung
sind sowohl Krippe als auch Baum,
sie gehören in jeden
europäischen Aufenthaltsraum.

Am 26sten wird nochmals
ein Festessen aufgetischt,
es ist jedoch frei wählbar,
welches Gericht.

Nehmt Euch fortan
vor dem 28sten in Acht!
Nach spanischem Vorbild wird an diesem Tag
allerlei Schabernack gemacht!

An Sylvester und Neujahr
wird sich wieder kräftig amüsiert,
außerdem ist man im Kampfessen
ja nun schon trainiert.

Am 6ten Januar
gibt es dann die dritte Beschenkung,
denn die heiligen drei Könige
kommen an diesem Tag aus ihrer Versenkung.

Das Komitee hält seine Lösung
für äußerst geglückt,
nun wird in Europa wiedermal
ein Stückchen zusammengerückt.

Der Basteltisch

Seiden-, Krepp-
und Stanniolpapier,
Faltanleitung von Ochse,
Schaf und Eselstier,
dicke Metalllackstifte
und allerhand zum Kleben
liegen neben vielen
bunten Bändern zum Verweben.
Gezackte Scheren, Wellpappe
und Meisterkleister,
es fehlt auch nicht
das Bastelbuch für Bastelmeister.
Bügelperlen, Motivstanzset
und Cuttermesser,
mit ein wenig Glitzerpulver
gestaltet sich's noch viel besser.
Selbstklebende rote Schleifen
machen sich gut
auf den goldenen Kleberollenstreifen.
Tusche, Stempelkissen und Fingerfarbe
verdecken Schablonen,
Wackelaugen und Malvorgabe.
Und wenn es dann überall glitzert und klebt,
weiß man, hier wird die Adventszeit gelebt.

Die Weihnachtsgeschichte

Mama, kannst Du mir nochmal
die Weihnachtsgeschichte erzählen?

Puh, das ist doch schon über 2000 Jahre her.
Warte, ich hab's wieder,
ein Kaiser wollte alle zählen,
aber über den Rest
bin ich mir nicht mehr so sicher.

Hm, da gab es doch ein Pärchen:
Jost und Maria,
Sie war Hausfrau
und beinahe Mutter,
die beiden lebten weit weg,
ich glaube in Tansania.
War er nicht Fischer und hatte nen Kutter?

Auf jeden Fall
sollten alle zum Kaiser kommen,
daher machten sie sich
mit nem Kamel auf den Weg.
Reisekosten wurden leider nicht übernommen
und es gab keinen einzigen Ausweg.

Dort angelangt
waren die billigen Hotels schon belegt.
Jede Anfrage wurde zum Reinfall,
dann begannen die Wehen,
Maria wurde ganz aufgeregt,
Ein Pferdezüchter ließ sie
schließlich in seinen Stall.

Sie legten das Baby
erst mal in einen Futtertrog
und ab jetzt wird die Geschichte etwas bizarr.
Da war nämlich noch was mit nem Herzog,
der kam gerade von einem Herzogsseminar.

Er sah über dem Stall
ein Ufo schweben,
und voller Neugier eilte er dorthin.
Würde er die Ankunft
eines Außerirdischen erleben?
Erhält das irdische Leben einen neuen Sinn?

Von dem, was er vorfand,
war er erstaunt,
die Bude war voll mit Leuten,
und alle waren extrem gut gelaunt,
was hatte das alles zu bedeuten?

Einer der Typen
begann ihn aufzuklären:
eine gute Fee hatte sich ihm gezeigt,
sie sagte, die Frau hier
würde einen Heiler gebären
und der sei allen Menschen
von nun an zugeneigt.

Da beschenkte der Herzog
den neuen Heiler
und trat dann seine Heimreise an.
Zuhause setzte er die Nachricht
sofort in den Verteiler,
so dass man sie noch heute
überall lesen kann.

Der Weihnachts(wahn)sinn

Liebe Leute,
es ist wirklich wahr:
Bald ist es wieder vorbei das Jahr.
Nun ist eigentlich die „besinnliche Zeit",
doch alle sind im Geschenke-Wahn
weit und breit
und niemand besinnt sich offenbar.

Manche möchten diese Konsumparty
lieber boykottieren
und daher auch an alle anderen appellieren:
Gibt es nicht Wichtigeres im Leben,
als nach den perfekten Gaben zu streben?
Man kann sich doch auch
ohne Beschenkung gemeinsam amüsieren.

In der Weihnachtskonditorei

Zimtsterne, Vanillekipferl
und Mandelküsse,
Nussnougatstangen, Spekulatius
und Pfeffernüsse;
Anis, Nelken, Orangeat,
Kakao, Pistazien, Zitronat;
Schokotatzen mit Kaffeebohnen,
Marzipanstollen und Kokosmakronen;
Liebesgrübchen und Glühweinkonfekt,
Lebkuchen und Spritzgebäck;
Oblaten, Streusel und Puderzucker,
neuerdings auch vegane Dinkelsojataler
ohne industriell hergestellten Zucker.

Das Schrottwichteln

Diese Gepflogenheit hat sich
in den letzten Jahren bei uns eingeschlichen:
Man versucht aus ungeliebten Geschenken
das Beste zu machen.
Statt die sinnlose Vergeudung zu stoppen
wird sich angeglichen,
so haben die Anderen
wenigstens noch was zu lachen.

Die auserwählten Stücke
sind oft noch originalverpackt
und wurden irgendwo teuer erstanden.
Doch über Geschmack
lässt sich nicht streiten, das ist Fakt.
Darum werden sie nächstes Jahr
auf dem Schrottwichtelhaufen landen:

Ohrringe, die einem Indianerhäuptling
sicher gut stehen,
und der Tischläufer,
der nicht zur Farbe des Teppichs passt.
Das Teetassen-Set,
exotisch verziert mit blauen Rehen
und das Buch,
von einem unsympathischen Autor verfasst.

Um die Herkunft der Second-Hand-Präsente
nicht zu enttarnen,
sind alle ausgewählten Objekte
in Zeitungen eingewickelt.
Wer was mit heim führt,
lässt sich nicht planen,
die Zuordnung wird
mittels Würfelzahl abgewickelt.

Manch einer wird glücklicher
und stolzer neuer Besitzer,
ein anderer lässt das Erstandene
erst gar nicht in sein Haus.
Die erwürfelte Menora ist ein gutes Geschenk
für Nachbars Bar Mizwa,
der bellende Wecker hingegen
fliegt gleich wieder raus.

Ein Pechvogel trägt das eigens
abgetretene Gedöns erneut mit heim,
denn zum Wegwerfen
ist es ihm einfach zu schade.
Vielleicht bringt er es im nächsten Jahr
bei einer anderen Schrottwichtelrunde ein,
bis dahin kommt's halt erst ein mal
wieder in die Schublade.

Die Weihnachtskrankheit

Kurz vor Weihnachten
stecken sich alle Kinder damit an
und sie zieht manchmal auch noch
den ein oder anderen Erwachsenen
in ihren Bann:

Bauchkneifen, Ohrenpfeifen,
Gerüche wittern, Hände zittern,
klopfendes Herz
und beim Schlucken ein Schmerz,
Probleme in den Schlaf zu finden
und insgesamt ein komisches Befinden.

Unser Arzt hat sich folgende Erklärung
zurechtgelegt:
„Ich würde mal so sagen," sagte er
„Ihre Kinder sind halt aufgeregt!"

Die Weihnachtsreiserei

Dieses Phänomen begibt sich jedes Jahr
wieder zur Weihnachtszeit:
auf Augustus Geheiß kehren alle zurück
in den Ort ihrer Kindheit.
Ungeachtet wie widrig
sich dieses Vorhaben auch zeigt,
die ganze Bevölkerung
ist für jedwede Strapazen bereit.
Ob mit Kindern oder zu zweit,
mit Hund oder ohne Geleit,
ist die Straße auch noch so vereist
oder hat es gar meterhoch geschneit,
sitzt man bis Mittags
vielleicht noch im Büro auf der Arbeit,
dauert die Fahrt
womöglich eine halbe Ewigkeit
und gibt's überdies nach dem Festakt
sowieso wieder nur Streit...
Trotz so mancher Unannehmlichkeit
fragt sich wohl niemand weit und breit,
ist diese Weihnachtsreiserei
denn überhaupt gescheit?

Weiße Weihnacht

Wieder nichts
mit weißer Weihnacht,
12 Grad und Nieselregen
in der heiligen Nacht.

Wie sehnt man sich
an diesem besonderen Tage
nach einem wahrhaftigem
Schneegelage.

So muss man sich mal wieder
mit Erinnerungen begnügen
und erzählt den Kindern
von früheren Wintervergnügen:

*Schon wenn man
morgens früh erwacht,
weiß man,
es hat geschneit heute Nacht.*

*Das Licht des erwachenden Tages
scheint ein anderes zu sein,
es strahlt viel heller und weißer
durch das Fenster herein.*

Der Blick nach draußen
bestätigt den Verdacht,
eine dicke makellose Decke
hat alles wundersam leise gemacht.

Alles Laute und Dröhnende
wird von ihr bedeckt,
alles Schmutzige und Hässliche
wird unter ihr versteckt.

Alle Zweige sind mit einer glatten,
glänzenden Hülle geschmückt,
einige werden sogar
von ihrem neuen Kleid niedergedrückt.

Scheint die Sonne dann
auf diese andersartige Welt,
hat sich zur Schönheitskur
noch Verzauberung gesellt.

Das ganze Gelände
glitzert wie ein Meer von Diamanten
in einer Aufmachung,
die wir schöner nie kannten.

Wagt man einen Schritt
in diese Unversehrtheit,
so knarzt und knackt es
und klingt nach Gemütlichkeit.

Das Weihnachtsessen

Bald fallen die Verwandten
wieder bei uns ein!
Welches Festmahl wird heuer
das Richtige sein?
Gefüllter Truthahn oder Ente?
Und was serviere ich für Getränke?
Muss denn eigentlich immer
so was Aufwändiges her?
In anderen Familien
mundet doch auch Einfaches sehr!
Wie wär's mit Kartoffelsalat und Wurst?
Lieber Weihnachtsbier
oder Bowle gegen den Durst?
Die Nachbarn essen am liebsten Karpfen
und werden ihren Gerstensaft
dazu frisch zapfen.
Was immer geht ist Raclette,
aber brauche ich als Beilage
Nudeln oder eher Baguette?
Eigentlich ist mal
was Außergewöhnliches dran:
Ich rufe einfach den Pizza-Bringdienst an!

Der Weihnachtsbaumkauf

In diesem Jahr
eher wuchtig oder grazil?
Die Zweige lieber stabil
oder ein wenig labil?
Mit künstlichem Tannenduft
oder besser aus heimischer Zucht?
Vielleicht mal mit Biosiegel
und statt geschlagen heuer im Kübel?
Die mit der Doppelspitze
sind feuerfest bis 500 Grad Hitze!
Keine, die nadelt oder pikt!
Da bin ich strikt!
Was, so teuer?
In zwei Wochen landet sie
doch eh im Feuer!
Muss es eigentlich immer
eine Echte sein?
Kauft man heutzutage
nicht wiederverwertbar ein?
Ich hab's: Morgen wird
die Yuccapalme geschmückt!
Dieser Weihnachtsbaumkauf
macht mich noch ganz verrückt!

Der Weihnachtsbaumschmuck

Zum Thema Baumschmuck
wird diese Zeile überleiten,
ja, an diesem Stoff
kann man sich wahrlich abarbeiten.
Wählt man den eleganten Stil?
Vielleicht doch eher ein rustikales Profil?
Oder sollte man mal
einen unkonventionellen Weg beschreiten?

Selbst bei der Beleuchtungsfrage
gibt es schon zig Alternativen,
Lichterketten verkauft man heute
mit vielen stimmungsvollen Wintermotiven.
Recht neu sind durchsichtige
kugelrunde Glas-Teelichthalter,
uralt hingegen Elektrokerzenketten
mit Lampen-Drehschalter.
Die klassische Baumkerze
sieht man bald nur noch in Bildarchiven.

Hat man sich
für eine glamouröse Staffur entschieden,
so hängt an den Zweigen
nichts nach Belieben.
Fachliteratur wurde zurate gezogen,
jede Verzierung genaustens abgewogen,
das Farbkonzept ist präzise vorgeschrieben.

Ganz anders beim natürlichen Dekorieren,
mit Holz, Salzteig und Stroh
kann man etwas formloser agieren.
Ob Sterne, Glocken, Nüsse oder Zapfen,
ob Schlitten, Engel, Flocken oder Tropfen,
vor allem Selbstgebasteltes
sollte den Baum zieren.

Nun gibt es auch noch
die ausgeflippten Baum-Bestücker,
die Alle-Konventionen-Unterdrücker.
Ob Monster, Pinup,
Quietscheentchen oder Totenkopf,
Gurke, Osterei, Präservativ oder rosa Knopf -
es ist alles erlaubt
bei den eingefleischten
Individualität-Ausdrückern.

Pastorale Weihnacht

Frau Pastorin,
ich grüße Sie, hallo!
Genießen Sie den heutigen Weihnachtstag?
Wie geht es denn Ihnen und den Ihrigen so?
Wann bescheren Sie sich denn?
Am Nachmittag?

Bescherung?
Die war bei uns schon vorgestern dran!
Ich weiß ja, das ist eigentlich nicht üblich,
doch liegt es daran,
dass am Vierundzwanzigsten
keiner von uns kann!
Bei uns ist es an Weihnachten
eher weniger gemütlich!

Gestern betreute ich
des Krippenspiels letzte Probe,
mein Mann unterstützt den Chor,
da fehlte noch ein Tenor.
Für die Hirten nähte ich
noch schnell die Garderobe,
unsere Kinder bereiteten ihre Auftritte vor.

Heute morgen halfen wir dem Küster,
die Bühne zu bauen,
im Anschluss besuchten wir
mit der Flötengruppe das Altenwohnheim.
Dann war das Weihnachtsfrühstück
der Gemeindefrauen.
Ich sage Ihnen, heute ist keiner von uns
vor Mitternacht daheim!

Um zwei ist der Gottesdienst
für die ganz Kleinen,
danach um halb vier
spielt unser Jüngster das Maultier,
um sechs muss ich auf der Kanzel
und mein Mann im Chor erscheinen,
um halb acht spielen die beiden Großen
Duett am Klavier.

Weiter geht es um neun
mit der modernen Kurzandacht,
doch damit ist das Programm
noch nicht vollkommen:
Vergessen wir nicht die Christmette
von elf bis Mitternacht,
aber die gibt es wohl nicht mehr lang,
da kommen ja nur die ganz Frommen …

Fröhliche Weihnachten!

Zeitfracht Medien GmbH
Ferdinand-Jühlke-Straße 7
99095 Erfurt, Deutschland
produktsicherheit@kolibri360.de